苏格兰皇家银行的陨落

MAKESI Shuo Jingji Weiji Xilie Dongmanpian

SUGELAN HUANGJIA YINHANG DE YUNLUO

马克思说经济危机

系列动漫片

主编　郎涛

全国百佳图书出版单位

APGTIME 时代出版

时代出版传媒股份有限公司

安徽人民出版社

图书在版编目(CIP)数据

马克思说经济危机·苏格兰皇家银行的陨落/郎涛主编. —合肥:安徽人民出版社,2012.3

ISBN 978-7-212-04734-4

Ⅰ.马… Ⅱ.郎… Ⅲ.①世界经济—经济危机—通俗读物 Ⅳ.F113.7—49

中国版本图书馆 CIP 数据核字(2012)第 039301 号

马克思说经济危机系列动漫片

苏格兰皇家银行的陨落

主　编　郎　涛

出 版 人:胡正义　　策 划 人:胡正义　丁怀超

责任编辑:王光生　　装帧设计:赵　梁

出版发行:时代出版传媒股份有限公司 http://www.press-mart.com

安徽人民出版社 http://www.ahpeople.com

合肥市政务文化新区圣泉路 1118 号出版传媒广场八楼

邮编:230071

营销部电话:0551—3533258　0551—3533292(传真)

制　　版:合肥市中旭制版有限责任公司

印　　制:安徽新华印刷股份有限公司

开本:787×1092　1/16　印张:9.5　字数:120 千

版次:2012 年 8 月第 1 版　2014 年 6 月第 2 次印刷

标准书号:ISBN 978-7-212-04734-4　定价:26.00 元

背景故事

从一家名不见经传的小银行，经过200多年的发展，成长为世界上赫赫有名的大银行——苏格兰皇家银行。特别是在“收购狂人”古德温执掌这家银行时，该银行的总规模从5000亿英镑翻了两番，达到了20000亿英镑，期间只花了2年的时间，从而一跃成为全世界第一，让人刮目相看。然而苏格兰皇家银行竟然将“所有的鸡蛋放在一个篮子之中”，业务完全集中在北美和欧洲地区，可惜的是，近年来世界上各种经济危机、债务危机等都爆发在这两个地区。从2008年始于美国的次贷危机、全球性金融危机、爱尔兰主权债务危机、冰岛主权债务危机，一直到2009年年末的希腊主权债务危机。这些都深刻影响了欧美银行业的生存和发展。

2008年全球金融危机爆发以后，美国以及欧洲刮起了一股银行倒闭风，很多欧美银行因此被重组。2009年美国就有14家银行被金融危机的惊涛骇浪所吞没。同样，欧洲也受到了冲击。曾经是英国第二大银行的苏格兰皇家银行（The Royal Bank of Scotland。简称RBS），也是危机重重。“冰冻三尺非一日之寒”，苏格兰皇家银行在金融危机前的2007年就已经出现亏损，在危机爆发之后，苏格兰皇家银行自然是雪上加霜了。

根据苏格兰皇家银行（RBS）公布的2007年业绩显示，尽管当年的各项利润较2006年增加了18%，但是在利润增长的同时，也出现了一些不利的情况，该行证券业务亏失了25亿英镑。这对于一家世界级的银行来说，是相当难以接受的事实。这些证券业务的亏失与苏格兰皇家银行收购外界的证券有莫大的关系。2007年，苏格兰皇家银行一掷千金，花费160亿欧元大量购进荷兰银行的证券资产。苏格兰皇家银行也为此而遭受了9亿英镑的损失。除了亏失以外，该银行的股票仅在2007年就下跌了7.3%。当然，2007年仅仅是揭开了苏格兰皇家银行亏损的序幕。

2008年美国次贷危机给美国的许多银行以致命的打击，同时也给大洋彼岸的苏格兰皇家银行（RBS）带来了前所未有的麻烦。根据保守估计，该行因为美国的次贷危机亏损超过10亿英镑。当然这只是苏格兰皇家银行2008年巨额亏损的冰山一角。在苏格兰皇家银行公布的2008年的年报亏损中，人们发现，当年达241亿英镑，该记录是1992年巴克莱银行亏损纪录的5倍。

面对如此巨大的亏损，该银行董事会主席汉普顿说，“2008年是苏格兰皇家银行成立282年以来最为艰难的一年”，汉普顿进一步指出银行的巨额亏损与2008年金融危机有着莫大的联系。由于受到金融危机的重创，全球经济疲软，给金融业的发展带来不利影响。

在2009年的希腊主权债务危机中，苏格兰皇家银行再一次遭受重创。为了减少在希腊主权债务危机中的损失，欧洲银行对希腊主权债券普遍减持21%，其中苏格兰皇家银行减持50%。在这场主权债务危机中，苏格兰皇家银行付出了约18亿英镑的代价。

在受到金融危机重创以后，一方面英国政府出手拯救危机重重的银行，另一方面，银行也积极出台各种自救措施，希望以此最大限度地减少金融危机冲击。针对英国国内的经济状况，英国政府首先推出“资产保障计划”，该项庞大的拯救计划涉及资产达6000亿英镑。其中包括将苏格兰皇家银行2000亿英镑不良资产纳入政府的保障计划之中，有效地缓解了苏格兰皇家银行资金紧张，从而稳定了这家银行的市场地位。当然苏格兰皇家银行也为这个宏伟的“资产保障计划”而向英国财政部支付了65亿英镑。

在得到政府大力支持后，苏格兰皇家银行也开始了自救。这家银行的高层决定大规模出售旗下公司，甚至积极准备重组银行业务，并开始大范围地缩减在海外的一些高风险业务。

苏格兰皇家银行根据旗下银行经营的好坏，将银行分为两个层次，经营效果不错的，叫“业务良好银行”；经营情况较为糟糕的，叫“坏账银行”，进行分类指导。与此同时，还为银行的“有毒资产”投保，最大限度地降低金融危机对银行经营产生的不利影响。

苏格兰皇家银行还计划大规模出售银行资产。该银行与澳大利亚联邦保险集团谈判出售事宜。为了尽快摆脱银行资金紧张的局面，苏格兰皇家银行还通过出售旗下的两家公司，获得46亿英镑，来解公司的燃眉之急。从2008年到2011年，苏格兰皇家银行一共在世界各地，忍痛割爱了331家分行，虽然获得了难得的喘息机会，但是该银行的总资产因此而缩水1万亿英镑。

马克思说经济危机

系列动漫片

苏格兰皇家银行的陨落

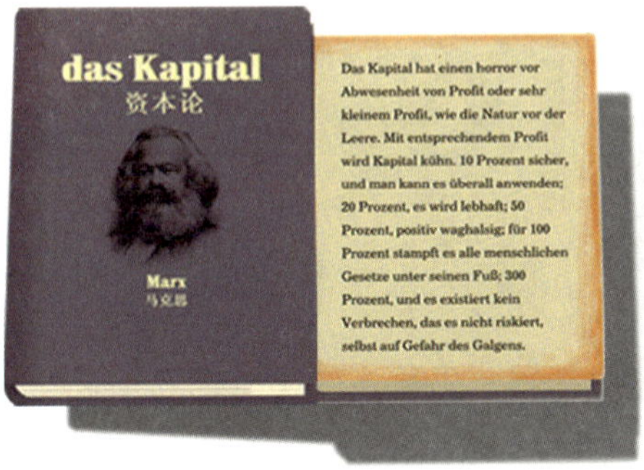

如果有20%的利润，资本就会蠢蠢欲动；
如果有50%的利润，资本就会冒险；
如果有100%的利润，资本就敢于冒绞首的危险；
如果有300%的利润，资本就敢于践踏人间一切的法律。

das Kapital
资本论
Marx
马克思

【公司介绍】

苏格兰皇家银行

苏格兰皇家银行（The Royal Bank of Scotland。简称RBS），全称是苏格兰皇家银行集团有限公司，是一家已有285年历史的银行。该行成立于1727年，总部

位于英国苏格兰地区的爱丁堡，是一家资产（2000年）超过4600亿美元、雇佣14万个来自世界各地的员工的超级大银行，仅仅在英国和爱尔兰，苏格兰皇家银行就拥有超过2000家分行和1500多万客户。该行是欧洲最为领先的金融服务集团之一，业务遍及世界各地。

目前，苏格兰皇家银行集团旗下一共有两个银行品牌和3个金融服务品牌。两个银行品牌分别是英格兰皇家银行（The Royal Bank of Scotland ）和国民西敏寺银行（NatWest）；3个金融服务品牌分别是：英国私人汽车保险市场与电话金融服务的

领导者——直接在线（Direct Line），美国新英格兰州的第二大银行公民金融集团（Citizens Financial Group），在北爱尔兰地区具有举足轻重地位的Ulster Bank，这家银行曾经是该地区第四大基金管理公司。

苏格兰皇家银行在2010年《财富》杂志排名中位居世界500强企业第55位，但在2000年以前，苏格兰皇家银行还只是一个爱丁堡或苏格兰地区的区域性银行，在世界银行排名中排在200名之外。然而4年之后的2004年，苏格兰皇家银行的总资产

迅速增加到5190亿英镑，拥有2200万客户，一跃成为英国的第二大商业银行，在世界银行排名中也从200多名摇身一变变成了第5名。为什么苏格兰皇家银行在四年时间里竟然能从一个名不见经传的区域性商业银行跻身于世界赫赫有名的国际性商业银行呢？

在苏格兰皇家银行成立的第二年，即1728年，该行就向客户提供透支服务。经过40多年的漫长发展，苏格兰皇家银行慢慢将自己的业务由爱丁堡向外扩展，1874年，在伦敦开设了第一家分行，成为英国跨地区服务的银行。后因避免与其竞争对

手英格兰银行发生过度的竞争，双方就约定好各自的经营范围，井水不犯河水，从此在将近100年的时间内，苏格兰皇家银行只在伦敦开设了分行。这个局面一直到1960年才被打破。

1960年，苏格兰皇家银行迈出了国际化的重要一步，在美国纽约开设了一家分行，此举标志该行进军国际银行业务的开始。但是国际化道路进行得十分缓慢，充满坎坷。在此后20多年时间里，苏格兰皇家银行在其国际化进程上没有太大的举动。

苏格兰皇家银行跻身世界大银行过程中，收购国民西敏寺银行是最为关键的一步。2000年2月，苏格兰皇家银行宣称要并购比自己规模大3倍的国民西敏寺银行，这在当时被人们戏称为“蚂蚁吞大象”。尽管外界一直不看好这个并购，但是苏格

兰皇家银行还是凭着莫大的勇气，一举并购成功。这次并购创下了英国银行并购历史上的纪录，金额达到210亿英镑。通过这次大胆的并购，苏格兰皇家银行的资产迅速攀升到3200亿英镑，在世界银行排名中从200位之后一跃上升至第6位。

苏格兰皇家银行在完成对国民西敏寺银行的并购之后，对公司治理进行了调整。并购后的苏格兰皇家银行无论在金融服务方面还是在机构客户方面，都面临着新的问题，于是新成立的苏格兰皇家银行实施统一品牌战略，即统一使用苏格兰皇

家银行的品牌。但是苏格兰皇家银行为了顾及原国民西敏寺银行客户的感受，在统一品牌的同时也注重多品牌战略，以此来保住国民西敏寺银行的客户。成功并购之后，苏格兰皇家银行便在国际化的道路上大踏步向前走。

2005年8月，苏格兰皇家银行开始大举进军亚洲，扩大在亚洲的业务。苏格兰皇家银行与美林证券、李嘉诚基金等共同出资组成RBS China，又以每股1.135元的价格购买了中国银行股票209.4亿股，耗费近30.48亿美元。从此，苏格兰皇家银行跻身世界500强企业。

从那以后，苏格兰皇家银行的并购越来越疯狂。2007年10月12日，苏格兰皇家银行联合富通银行与桑坦德银行，三方共同出资710亿欧元，成功并购了荷兰银行，尽管并购荷兰银行付出了一定的代价。为了筹集巨额的并购资金，苏格兰皇家

银行不得不在国内出售资产，筹集资金9亿英镑。通过并购荷兰银行，苏格兰皇家银行获得了荷兰银行的所有海外业务，包括欧洲、北美以及亚洲一些地区的业务，大大拓展了苏格兰皇家银行的业务范围。

但是，处在巅峰时期的苏格兰皇家银行，却接二连三地受到美国次贷危机、全球金融危机、冰岛危机等危机的冲击，损失惨重，不得不再次不停地出售旗下的大量的资产。2009年1月13日，苏格兰皇家银行出售持有的中国银行H股，以每股

同时，福尔兰承诺的成本削减超出了市场预期，投资者为此欢欣鼓舞，银行股价也随之飙升。

1.68至1.71港元不等的价格共计出售108.09亿股，获取将近185亿港元的现金，折合23.7亿美元。同年8月4日，苏格兰皇家银行又将其在亚洲的部分资产以5.5亿美元的价格出售给澳大利亚和新西兰等国的银行。苏格兰皇家银行在2008年到2011年3年间，总资产负债表缩水1万亿英镑。

马克思说经济危机

系列动漫片

苏格兰皇家银行的陨落

信用冒险家为了扩大他的营业，为了用一种骗人的营业来掩盖另一种骗人的营业，会把他的融通票据拿去贴现；但这不是为了赚得利润，而是为了占有别人的资本。

——《资本论》

das Kapital
资本论
Marx
马克思

苏格兰皇家银行在其国际化的道路上，有成功亦有失败。尽管历经千难万苦，苏格兰皇家银行却依旧为世界许多国家和地区提供金融服务。

【重要概念】

银 行

在日常生活中，银行始终与我们形影不离。我们的工资是通过银行卡发到手中的，当我们购买大件物品资金不够时会去找银行借贷，当我们手中有闲余

的资金时会将它们存入银行……那么，银行，你对它了解多少呢？

所谓银行，就是通过存款、贷款、汇兑、储蓄等业务，承担信用中介的金融机构。银行的业务范围主要有吸收公众存款、发放贷款以及办理票据贴现等。银行的

种类多种多样，根据国内的相关规定，中国的银行体系大致分为四类：

中央银行：中国的中央银行是中国人民银行(The People's Bank of China，简称PBC)。

监管机构：国内的监管机构主要是银监会，即银行业监督管理委员会（China Banking Regulatory Commission ，简称CBRC）。

自律组织：中国银行业协会（China Banking Association，简称CBA）。

银行业金融机构：包括大型商业银行（工、农、中、建、交五家银行）、政策性银行（中国进出口银行、中国农业发展银行、国家开发银行）、全国性股份制中小

型商业银行（招商、中信、民生、兴业、光大等）、城市商业银行、农村金融机构（信用社）、中国邮政储蓄银行、外资银行、非银行类金融机构以及村镇银行等。

现在来做具体介绍。

1. 中央银行

中央银行就是指一个由政府组建的机构，主要负责控制国家货币供给、信贷条

件以及监管全国金融体系等。由于中央银行的特殊性质，其具体职能主要包括四个方面：发行的银行、政府的银行、银行的银行、调控宏观经济的银行。

中央银行是发行的银行。中央银行拥有一国或地区的货币发行权，负责货币发行、流通与回笼等事宜。由中央银行统一发行与流通货币才能保证国内货币的正常

流通以及币值稳定。同时，中央银行通过对发行货币量的控制来调节流通中的基础货币量，并以此调控商业银行创造信用的能力，维护国家的金融稳定。

中央银行是政府的银行。此项职能是指中央银行为政府提供服务，是政府管理国家金融的专门机构。具体又有以下的职能：代理国库，即由中央银行来代收国库库款、拨付财政支出等；代理政府债券的发行与回收，负责债券到期还本付息；为

政府融资，在国家财政出现严重财政赤字的时候，中央银行可以为政府提供贷款。

中央银行是银行的银行。中央银行充当商业银行和其他金融机构的最后贷款人，这体现了中央银行在一国金融体系中处于核心地位。中央银行可以根据此职能

来对商业银行和其他金融机构的活动进行调节，以达到调控宏观经济的目的。中央银行的此项职能具体包括存款准备金制度，即通过提高或降低存款准备金来调节流通中的货币量。

其四，中央银行是调控宏观经济的银行。中央银行推行的货币政策主要有：公开市场业务、存款准备金与再贴现率。其中公开市场业务是指中央银行通过买进或卖出有价证券，从而减少或者增加货币供应量，以此调节货币供应量。存款准备金

是指金融机构为保证客户提取存款和资金清算需要，而在中央银行强制的存款。再贴现率是商业银行将其贴现的未到期票据向中央银行申请再贴现时的预扣利率，扮演“银行的银行”角色。

我国的中央银行是中国人民银行。中国人民银行成立于1948年12月1日，是由华北银行、北海银行、西北农民银行三家银行合并而成的。从1983年起，专门行使国家中央银行职能。根据《中华人民共和国中国人民银行法》的规定，中国人民银

行在国务院的领导下，依法独立制定和执行货币政策，不受地方政府、各级政府部门、社会团体和个人的干涉。

2.五大商业银行

商业银行与一般的工商企业一样，拥有从事各种业务经营所需要的资本，自负盈亏，并且以盈利为目的，只不过它经营的是货币存款、贷款或中间业务等。因此

商业银行较之其他企业而言，具有一些自己的特点，如商业银行经营对象是金融资产和金融负债，与企业经营的商品不同。中国拥有五大商业银行，它们是：

中国工商银行股份有限公司(Industrial and Commercial Bank of China Limited, ICBC)，简称中国工商银行，成立于1984年，是从原中国人民银行中分离出来的一家大型国有商业银行，是中国最大的商业银行，是世界五百强企业之一。

中国农业银行成立于1951年，成立的初衷是为全国的农业发展提供资金支撑。中国农业银行是新中国成立的第一家国有商业银行，总行设在北京。如今的中国农业银行也同其他商业银行一样，经营各种业务，而不再局限于为农业服务。

中国银行，全称是中国银行股份有限公司(Bank of China Limited)，1912年经孙中山先生批准在上海成立，是中国历史最为悠久的银行之一，目前总部设在北京。中国银行的业务范围涵盖商业银行、投资银行和保险领域，旗下有中银香港、中银国际、中银保险等控股金融机构。

中国建设银行（China Construction Bank），成立于1954年10月1日，当时称为中国人民建设银行，直到1996年3月26日才更名为中国建设银行。在中国五大国有商业银行中排名第二。

交通银行始建于1908年，是五大国有商业银行中成立时间最早的。1986年7月24日，作为金融改革的试点，国务院批准重新组建交通银行。次年4月1日，重新组建后的交通银行正式对外营业，成为中国第一家全国性的国有股份制商业银行。

3.三大政策性银行

政策性银行（policy bank）一般是由政府设立或者参股设立，不以营利为目的，而专门为政府社会经济政策服务。政策性银行只能在特定的业务范围内，直

接或间接地从事政策性融资活动，为政府发展经济、进行宏观经济管理提供资金支撑。1994年，我国组建了三家政策性银行，即国家开发银行、中国进出口银行、中国农业发展银行。

国家开发银行成立于1994年3月，直属于国务院，截至目前，该行已经在全国范围内设有32家分行和4家代表处。自成立以来，国家开发银行就一直认真贯彻国家宏观经济政策，为支持国家经济发展和调整经济结构做出了巨大贡献；同时，在

一些重大基础设施、基础产业以及支柱产业等重大项目及配套工程建设中，提供了有力的融资支持，保证这些重大工程的顺利完成。

中国进出口银行是由国务院直属领导、由政府全额出资的政策性银行。中国进

出口银行是我国外经贸支持体系的重要力量和金融体系的重要组成部分，为我国进出口贸易发展做出了不可磨灭的贡献。

中国农业发展银行，成立于1994年4月，直属国务院领导，是一家国有农业政

策性银行。主要任务是按照国家相关政策，以国家信用为基础，为农业发展筹集政策性信贷资金，并且承担国家规定的农业政策性以及涉农商业性金融业务，服务于农业和农村经济发展。

【经济学分析】

苏格兰皇家银行深陷泥潭之谜

苏格兰皇家银行（RBS）自1727年成立以来，经过200多年的发展，终于从一家名不见经传的小银行，发展成为欧洲乃至世界性金融服务集团。就是这家银行，在

2008年遭到全球性金融危机的重创，当年亏损达到241亿英镑，创下英国有史以来企业的最大亏损纪录，从此苏格兰皇家银行便陷于困难的境地。一时间，这家赫赫有名的大银行便处在岌岌可危之中。

苏格兰皇家银行陷入危机可归咎于三个方面的原因：

1. 受到各种危机接二连三的打击

从2008年到2009年，苏格兰皇家银行经历了美国的次贷危机、全球性金融危

机、爱尔兰主权债务危机、冰岛主权债务危机以及希腊主权债务危机。每次危机都使该银行遭受资产损失，使得苏格兰皇家银行危机重重。

2.“成在并购，败在并购”

苏格兰皇家银行之所以能够成为世界上首屈一指的大银行，并购在其中始终扮演着重要的角色。成功并购国民西敏寺银行，使其名声大振，跻身于银行业顶级阵

营之列。在功成名就之后，苏格兰皇家银行依旧疯狂地在世界各地并购。在整个并购的道路中，最为胆大与疯狂的并购行为莫过于并购荷兰银行。此次并购，苏格兰皇家银行耗资巨大，元气大伤。

马克思说经济危机系列动漫片

苏格兰皇家银行的陨落

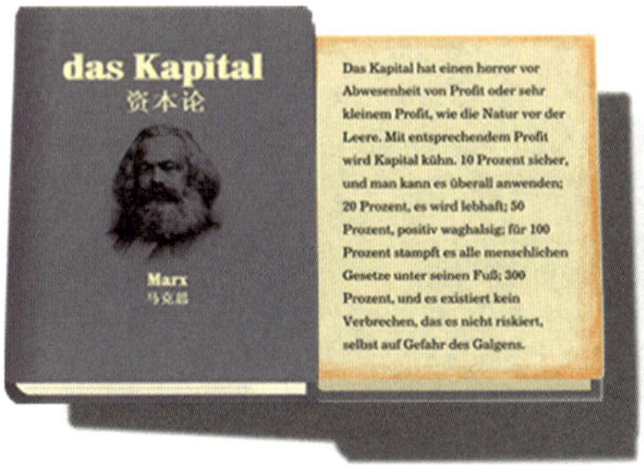

占主要统治地位的商业资本，到处都代表着一种掠夺制度，它在古代和近代的商业民族中的发展，是和暴力掠夺、海盗行径、绑架奴隶、征服殖民地直接结合在一起的……

——《资本论》

das Kapital
资本论
Marx
马克思

3. 苏格兰皇家银行在经营过程中，没有控制好成本，因而效益下降，竞争力下滑。同时，该银行热衷于“形象工程”。在剧本中多处提到，“我们需要一座和我们的名声相匹配的新办公大楼”、“新建办公楼，邀请女王殿下亲自主持新楼启动

仪式”、“邀请明星做品牌代言，规范员工服装，统一发布会和办公室的家具”、“除女王亲自出席外，皇家空军也派出了4架战斗机参加新大楼庆典”……这些都耗资不菲，尽管能从一定程度上提升苏格兰皇家银行的形象，但是从后来的情形看，这些行为给自身带来了一些困难。

现在，我们就来具体分析每一条原因。

金融危机与各种危机的打击

俗话有云：“倾巢之下，焉有完卵？”这句话再次在苏格兰皇家银行身上得到

验证。

2007年，一场席卷美国的次贷危机（subprime crisis，也译作次债危机）爆发了。次贷危机爆发以后，许多涉及次级抵押贷款的金融机构破产，一些投资基

金被迫关门歇业，美国股市出现了剧烈震荡。一波未平一波又起，次贷危机波及的程度和范围以迅雷不及掩耳之势，很快波及欧洲诸多国家，进而演变为全球性金融危机。

金融危机蔓延全球之后，各国的经济都受到不利影响，大量人员失业、企业破产、银行倒闭。同样，欧洲也刮起了一股银行倒闭风，世界著名的投资银行——雷

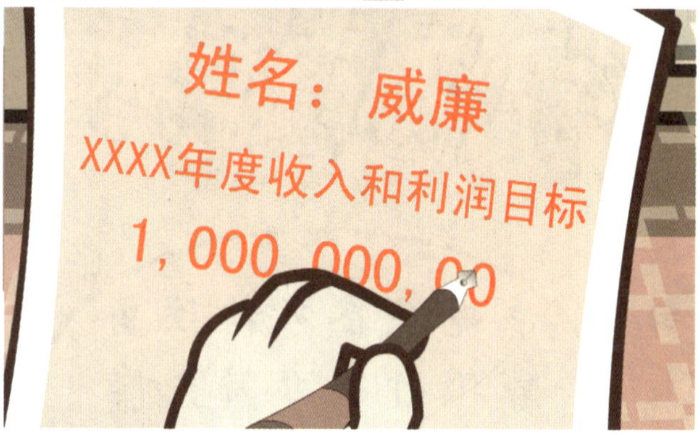

就这样，
苏格兰皇家银行
获得了不正常的辉煌业绩

曼兄弟便倒在金融危机之中，银行业进入了一个寒冬季节。2009年的前两个月中，就有14家美国银行被金融危机的惊涛骇浪所吞没。尽管欧洲受到金融危机的冲击程度不如美国严重，但同样在劫难逃。

短短几年时间就获得了和久负盛名的汇丰银行一样的名气

这场来势汹汹的全球性金融危机，极大地冲击了金融业。此时金融行业的规模越大，受到的冲击可能就越大。“城门失火，殃及池鱼”。在美国和欧洲拥有大量业务、已是世界上银行业巨擘的苏格兰皇家银行不可能在这场金融危机中“独善其

除女王亲自出席外，皇家空军也派出了4架战斗机参加新大楼庆典

身”。在金融危机爆发的2008年，苏格兰皇家银行的亏损额就达到创纪录的241亿英镑，其中有超过10亿英镑的财富在美国次贷危机中不翼而飞。难怪苏格兰皇家银行的高管抱怨“自己时运不济，偏偏赶上了这一轮风暴”。

金融危机的影响尚未消退，其他危机，如爱尔兰主权债务危机、冰岛主权债务危机以及希腊主权债务危机等接踵而至。每一次危机的到来都使得如履薄冰的苏格兰皇家银行雪上加霜。尤其是2009年的希腊主权债务危机，诸多的欧洲银行都牵涉

其中，苏格兰皇家银行也深陷其中。希腊主权债务危机爆发以后，欧洲各家银行迅速减持希腊主权债券达21%，而苏格兰皇家银行更减持达到了50%。另外，苏格兰皇家银行在希腊主权债务危机中还有18亿英镑一夜之间蒸发殆尽。

在这场金融危机的浪潮中，一些像雷曼兄弟、AIG、美林等曾经不可一世的金融大鳄纷纷倒闭。与他们相比，苏格兰皇家银行虽然损失惨重，但是却依旧能生存下来，已是万幸。

成在并购，败在并购

如果说到世界金融危机以及随之而来的其他危机是苏格兰皇家银行危机的外因，那么疯狂并购是其危机的内因。苏格兰皇家银行能够从一家名不见经传的小

银行跻身于世界大银行之列，并购扮演着至关重要的角色。从1727年成立之初到现在，这个具有285年历史的银行，经历了无数次大大小小的并购。在这些并购活动中，最为出名的是对两家世界重量级银行的并购：

一是对国民西敏寺银行的并购，这个并购比较成功，剧中这样评价这次并购：“令其（苏格兰皇家银行）名声大振，跻身于银行业顶级阵营之列。”

二是联手富通银行、桑坦德银行，完成荷兰银行的“组团并购”。此次并购大大扩展了苏格兰皇家银行的海外业务，但造成了苏格兰皇家银行的“消化不良”。在并购完成后，就爆发了2008年全球性金融危机，迫使其变卖了很多旗下的资产。

苏格兰皇家银行终于为自己的疯狂并购苦果买单了！

现在具体展开上述两个并购对苏格兰皇家银行的影响。

1. 并购国民西敏寺银行。

在苏格兰皇家银行跻身世界著名大银行之列的道路上，前CEO（Chief Executive Officer，即首席执行官）弗雷德·古德温功不可没。在银行界素有

“收购狂人”之称的弗雷德·古德温曾经担任过克莱德斯戴尔银行的首席执行官，后因其在降低银行成本方面的工作成绩斐然，在业界名声大噪，传为佳话。1998年，古德温被苏格兰皇家银行聘为副首席执行官，两年后就升任为苏格兰皇家银行

的首席执行官。其时，古德温仅42岁，俨然成为银行业界的“金童”。

在就任苏格兰皇家银行CEO不久，古德温便开始了他极为大胆的并购行动——收购一家资产规模是苏格兰皇家银行3倍的大银行——国民西敏寺银行。这起并购

被业界称为“蚂蚁吞大象”，不被众人所看好。国民西敏寺银行集团（NatWest Group）当时是世界上为数不多的大银行，并且该银行因资产质量优良而备受业界的青睐。

国民西敏寺银行在被苏格兰皇家银行并购的前夕，在资产总量、业务范围等方面在世界大银行中的排名都是相当靠前的。但是这家银行由于经营不善，成本大幅增加，利润下降，面临亏损的局面。

古德温敏锐地发现到这个千载难逢的并购机会。古德温十分清楚，国民西敏寺银行不论是在英国国内还是在国际银行界，都具有广阔的市场空间，一旦成功并购，苏格兰皇家银行就能够承袭这些市场并为己所有，苏格兰皇家银行因此而一跃成为世界级的大银行。但是古德温面临着两个非常棘手的问题：

一方面，自身实力尚不足以吞并这个银行巨人，毕竟苏格兰皇家银行只有889亿英镑的家当，而国民西敏寺银行的资产规模却有2400亿英镑。通常情况下的并购，要么是大企业并购小企业，要么是两个资产相当的企业进行并购，现在却出现

了“以小吃大”的并购，困难可想而知。另一方面，正当古德温准备并购时，“半路杀出个程咬金”，苏格兰银行对国民西敏寺银行这块肥肉，也想并购。面对如此强劲的竞争对手，古德温并没有因此而胆怯，反而鼓足勇气应战。“明修栈道，暗

度陈仓”，古德温一面向外界宣称退出并购，以此使竞争对手放松警惕，一面却积极筹集资金，制订详细而周密的并购计划，最终一举击败苏格兰银行，成功并购国民西敏寺银行。苏格兰皇家银行的资产也因此而迅速提升到3200亿英镑，其世界银行排名飙升至第6位，跻身世界大银行之列。

成功并购国民西敏寺银行，并不意味着苏格兰皇家银行就高枕无忧了。在古德温的脑海中，时刻牢记着花旗、摩根士丹利等国际性大银行在并购后“消化不良”，造成元气大伤。古德温开始小心翼翼地经营。

一般说来，当一家银行在并购另外一家银行之后，就会关闭被并购银行中那些存在亏损的分支机构，以此来甩掉负担，但是古德温却一反常规，苏格兰皇家银行不仅没有关闭国民西敏寺银行亏损的分支结构，而是将其旗下的1500家分支机构全

部予以保留。因为古德温觉得一旦裁撤国民西敏寺银行的分支机构，必然会裁员，这样一来很可能会引起留下的国民西敏寺银行员工的反感，影响新银行工作的开展。于是古德温想用其他手段来削减成本，例如引进恰当的管理技术，此举获得了良好的效果。

古德温还在品牌战略上卓有建树。古德温实行统一与产品异化并举的品牌战略。具体做法是：（1）在面向大客户（包括企业客户和机构客户）业务时，统一使用新的苏格兰皇家银行标识，即统一品牌战略；（2）在面向个人客户时，则充

分利用国民西敏寺银行的客户资源。毕竟国民西敏寺银行在英国南部及伦敦地区具有很高的客户认知度。

苏格兰皇家银行因为对国民西敏寺银行的成功并购，终于实现了跻身世界大银行的梦想。

2.“组团并购”荷兰银行

在初尝并购的甜头之后，古德温并购的举动越来越疯狂。从2000年并购国民西敏寺银行，到2008年的8年间，苏格兰皇家银行发动了一次又一次的疯狂并购。期

间并购过英国的著名保险集团Churchill和美国著名的零售银行美隆金融公司等。

2007年10月12日，一项金额达710亿欧元的收购计划横空出世了。当时荷兰银行因为经营不善已出现了亏损，正在考虑与其他银行合并。正当荷兰银行与巴克莱

银行进行合并磋商时，苏格兰皇家银行得知消息打起并购荷兰银行的主意，但是由于自身实力不足，于是便携手富通银行与桑坦德银行来进行收购。尽管苏格兰皇家银行有着丰富的并购经验，但是并购后不久，就接二连三地爆发了美国次贷危机、全球性金融危机，使得荷兰银行市值缩水严重，苏格兰皇家银行也遭受严重损失。

马克思说经济危机系列动漫片

苏格兰皇家银行的陨落

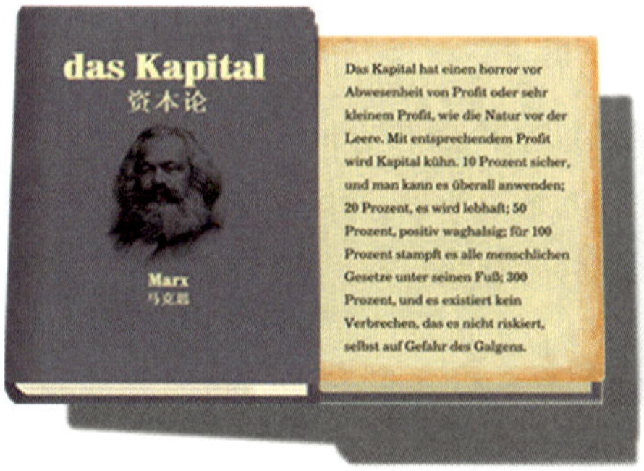

因为整个信用制度的惊人的扩大，总之，全部信用，都被他们当作自己的私有资本来利用。这些人总是以货币的形式或对货币的直接索取权的形式占有资本和收入。这类人的财产的积累，可以按极不同于现实积累的方向进行，但是无论如何都证明，他们攫取了现实积累的很大一部分。

——《资本论》

das Kapital
资本论
Marx
马克思

我们不能将苏格兰皇家银行的巨额亏损责任完全归咎于这“最不合时宜的收购”。在并购荷兰银行过程中，苏格兰皇家银行董事会也难辞其咎。

众所周知，在大型公司中董事会的权力是相当大的。在苏格兰皇家银行中，董事会也是如此。董事会成员对并购荷兰银行的诸多细节知之甚少，有的根本一无所知，甚至对收购后可能面临的风险也未加评估，竟都糊里糊涂地投了赞成票，可以想象这样的并购能不给苏格兰皇家银行带来风险吗？

对于“收购狂人”古德温来说，并购荷兰银行与并购国民西敏寺银行具有诸多相似之处，都是“以小吃大”，并购之前的两家银行都因经营不善而出现亏损。但是这次上帝没有再眷顾古德温了。

在完成对荷兰银行的并购之后，首先遇到麻烦的是苏格兰皇家银行的会计师，他们发现荷兰银行在资金运转等方面很吃力。但古德温没有听从会计师的意见，依旧我行我素，继续扩大荷兰银行的股份。2008年全球性金融危机爆发，世界各大银

行纷纷受损，此时荷兰政府宣布购买苏格兰皇家银行的合作伙伴富通银行的股份，将其收归国有。消息一出，众多的客户纷纷从苏格兰皇家银行撤资。大量资金撤出以后，终于使这家银行没有办法进行正常的运转了。

对于一家企业来说，一旦融资出现困难，就会对企业运转产生影响。融资困难对银行来说更是如此。如果得不到及时的融资，苏格兰皇家银行将会面临无法开门营业的窘况。于是苏格兰皇家银行只有一边变卖旗下的资产，一边向英国政府求

救，获得英国政府200亿英镑的巨额援助。

此时“收购狂人”古德温只好引咎辞职了，至此，他在苏格兰皇家银行的10年职业生涯宣告结束。

"形象工程"

在经济活动中，企业难免搞一些形象工程，适当的形象工程可在一定程度上增加企业的声誉，但是如果形象工程搞过了头就会增加企业的经营成本，降低经济效

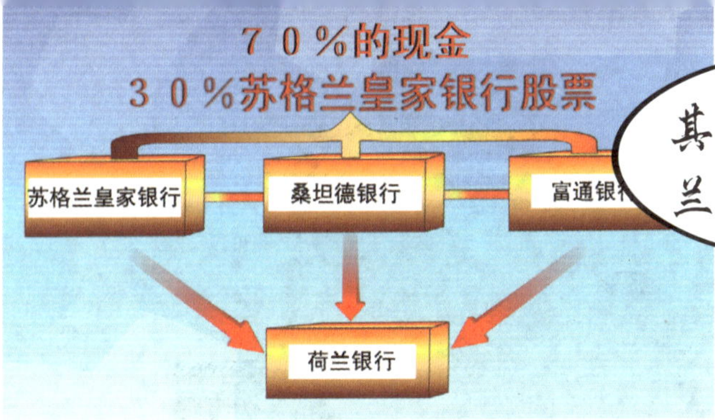

联合桑坦德银行、富通银行组成财团收购荷兰银行，财团出价由70%的现金和30%的苏格兰皇家银行股票组成

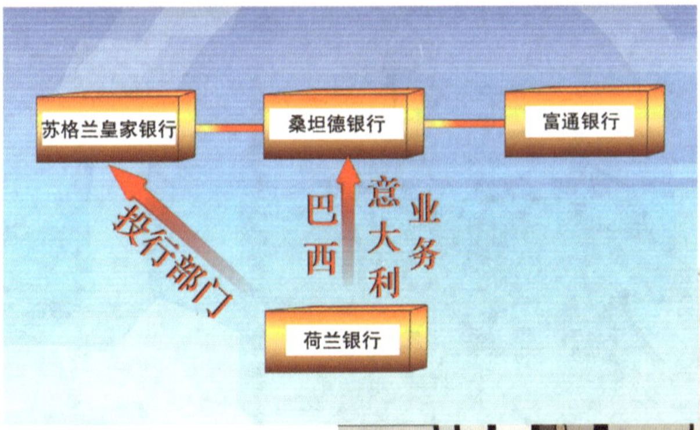

我们获得荷兰银行的投行部门，桑坦德银行接管荷兰银行在巴西和意大利的业务

益。苏格兰皇家银行的形象工程可归为三类：一是新建办公楼以及举行庆典活动，二是规范员工服装，统一发布会和购置办公室的家具，三是邀请明星做品牌代言。

成功收购国民西敏寺银行之后，苏格兰皇家银行跻身世界大银行的行列，古德温决定给银行建一座大楼。董事会计划在爱丁堡机场附近修建一座新的集团总部大楼。整个工程耗资3.35亿英镑，于2005年9月正式投入使用。

在正式启用这座豪华的大楼之前，为了扩大影响，苏格兰皇家银行还举行了一个盛大的庆典活动，在庆典仪式上，邀请到伊丽莎白女王（Queen Elizabeth），为整个庆典活动增色不少。除此之外，苏格兰皇家银行还花费巨资，邀请英国皇家空军4架“狂风”战斗机编队，引来众人前来观看。

2.规范员工服装，统一发布会和配置办公室家具

一直以重视细节与纪律而著称的苏格兰皇家银行，向来对员工服装以及办公楼装饰等极为重视。古德温的着装非常讲究，整个银行的员工都要求穿上白衬衫，并

且带上印有该银行标识的领带，达到统一着装的目的。古德温还将苏格兰皇家银行的所有办公机构的办公室配有相同的装饰，甚至连座椅都是相同的。

3.邀请明星做品牌代言

目前邀请明星做品牌代言已经成为各家企业扩大知名度的重要手段，有的邀请影视明星，有的邀请歌星，有的邀请体育明星……凡此种种，不胜枚举。苏格兰

皇家银行在邀请明星做品牌代言的时候，邀请的是赛车冠军杰基·斯图尔特爵士和著名高尔夫球手杰克·尼克劳斯，请他们来充当苏格兰皇家银行的“全球形象大使”。当然聘请明星做品牌的代言人本来是无可厚非的事情，但是古德温不遗余力地搞体育赞助，增加了银行的额外负担。

【生活小贴士】

苏格兰皇家银行崛起的经验

尽管目前苏格兰皇家银行危机重重，但不管怎么说，这也是一家走过了285年风风雨雨的世界级大银行，并且安全度过1929年经济大危机与2008年全球性金融危

机。它能从一个地区性的小银行逐渐成为世界排名第五的国际性大银行，其中有许多经验值得我们去借鉴。

1.顾客就是上帝

无论是中国的企业，还是外国的企业，都标榜以“顾客是上帝”为宗旨，但是在实际的经营中，却没有几家企业能很好地去执行。但是苏格兰皇家银行200多年

以来始终坚持以客户为中心的理念。

苏格兰皇家银行为了减少大客户在银行办理业务的程序和步骤，就设计将服务公司、机构客户的所有金融服务合并到一起，提供一站式服务。这样做不仅能提高

银行的办事效率，还能使大客户减少办业务等待的时间，提升了大客户对银行的满意度。在收购国民西敏寺银行后，没有裁撤一家分支机构，目的就是为了方便以前那些老客户以及减少一些客户对并购的恐慌。因此并购不仅没有流失客户，反而增

加了新的客户，为苏格兰皇家银行赢得了好名声。

2.关怀、尊重员工

根据马斯洛的需求层次理论，我们知道人有很多不同层次的需求，人不仅有对

高薪酬的需求，也有对安全、尊重等的需求。倘若只知道利用金钱来促使员工更加努力工作，那么效果肯定会事倍功半的。苏格兰皇家银行以及前CEO古德温深谙此道，对世界各地的员工充满了信任与尊重。此举在提高员工士气、减少员工之间的

冲突与摩擦以及营造良好的工作环境等方面都起到了事半功倍的效果。再加上银行拥有一个适当的激励机制，这样就能够充分激发每位员工的主观能动性，他们会积极为银行工作，降低了银行的运营成本，提升了银行的盈利能力。

3.明确的分工与协作

苏格兰皇家银行在分工与协作方面也有出色的表现，整个银行分为八大业务部门和六大综合服务管理部门，从而把银行各个部门的任务明确下来，使得这个庞大的机构有条不紊地运行。

富通银行困境引发外界对于苏格兰皇家银行自身处境的疑问，

八大业务部门是负责前台的，主要任务就是给客户以最好的服务，为银行创造利润。六大综合服务管理部门主要是针对后台管理的，主要任务就是为前台的各项工作做好服务，为前台的工作创造一个良好的环境。这两者的关系好像一个是前方

所以储户们纷纷撤资，苏格兰皇家银行出现了挤兑。

“征战”的将军，一个是做好后勤服务的谋士。当然只有后者尽心尽力地为前台服务，才能保证前台所从事的业务顺利进行，获得客户满意。

4.创新不断，永葆活力

苏格兰皇家银行是一个具有200多年历史的“老银行”了，但是却“人老心不老”，它的经营理念和思想并不保守，而是与时俱进，这或许是苏格兰皇家银行能

够成为世界级大银行的原因之一吧。在20世纪80年代，该行率先开通电话银行与网上银行等业务，这些业务正好适应了网络时代的需求，因此这些举动使得该行获取了很多利润，一举成为英国最具活力的银行之一。2000年收购了一个资产规模是自

身3倍的国民西敏寺银行，收购完成之后，苏格兰皇家银行并不是墨守成规地将国民西敏寺银行的一些亏损机构裁撤，而是保留了这些分支机构，之后获得了成功。这些都是持续创新带来的成果。

【故事外的小常识】

国民西敏寺银行

国民西敏寺银行，全称是国民西敏寺银行集团（NatWest Group）。2000年被苏格兰皇家银行收购以前，它是当时全球最大以及资本质量最佳的银行集团之一，其历史渊源毫不逊色于苏格兰皇家银行，前身可追溯到17世纪，但是国民西敏寺银

行真正诞生于1968年3月18日，是由当时三家英国著名的银行合并而成，总部位于英国伦敦。

在被收购之前，国民西敏寺银行的资产规模突破2000亿英镑，年营业收入达到150多亿英镑，税前利润也达到8亿英镑。在被收购时，国民西敏寺银行的业务范围

遍布在全球35个国家和地区，7万多名世界各地的雇员在该行工作。业务范围涉及零售和商业银行业务、资产管理，以及全球金融、债务市场，并从事一些和金融有关的咨询活动。现在简单介绍国民西敏寺银行零售和商业银行业务、资产管理等方面的业务。

1.零售及商业银行业务

国民西敏寺银行经营的零售及商业银行业务主要分布在英国以及其他欧洲地区，经营该业务的主要是旗下的三家银行。

NatWest UK是英国四大清算银行之一，在英国清算行中占有一席之地，业务从

零售和商务银行服务到信用卡，再到按揭、保险服务，业务范围相当广泛。作为英国最大的商业融资金融机构，Lombard Risk向外界提供的金融产品主要有商业资产融资、汽车贷款、销售信贷和个人信贷服务等。Ulster Bank，主要涉及商业银行和投资银行等领域，在爱尔兰具有较高的影响力，也占据一定的市场份额。

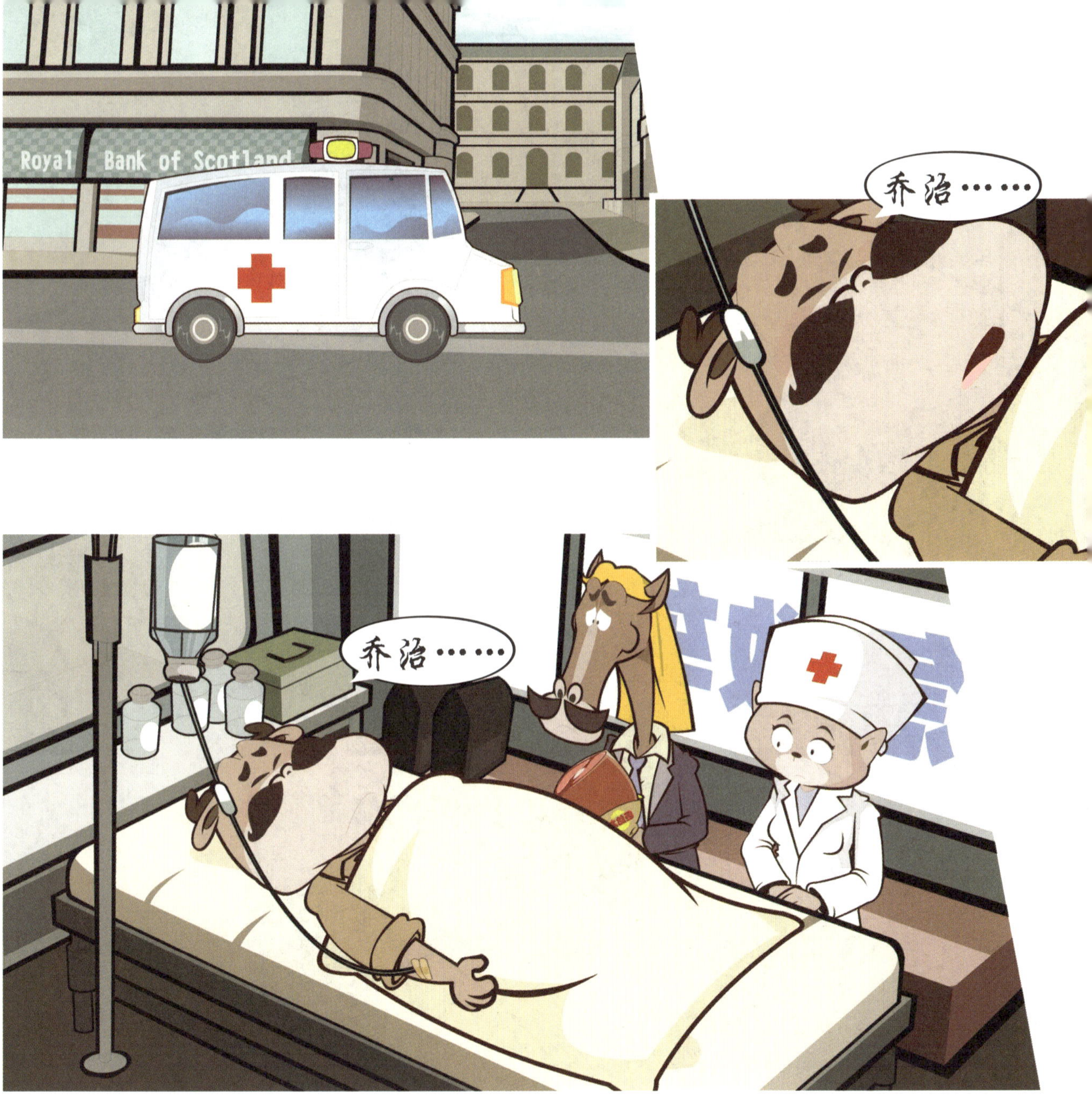

2.资产管理业务

在国民西敏寺银行中，负责资产管理业务的主要是国民西敏寺财富管理公司（NatWest Wealth Management），其经营的范围从英国到欧洲大陆以及大洋彼岸的美国。该公司诞生于1997年4月1日，目前旗下已经拥有4个分支机构，它们分别是Gartmore Investment Management、NatWest Life and Investment Services、

NatWest Ventrues 和Coutts Group。

Gartmore是一家实力雄厚的基金管理公司，主要业务就是向各类投资者或者投资机构销售各种投资产品。NatWest Life and Investment Services 主要是向英国的居民提供投资产品以及一些人寿保险业务，是一家类似于保险公司的金融机

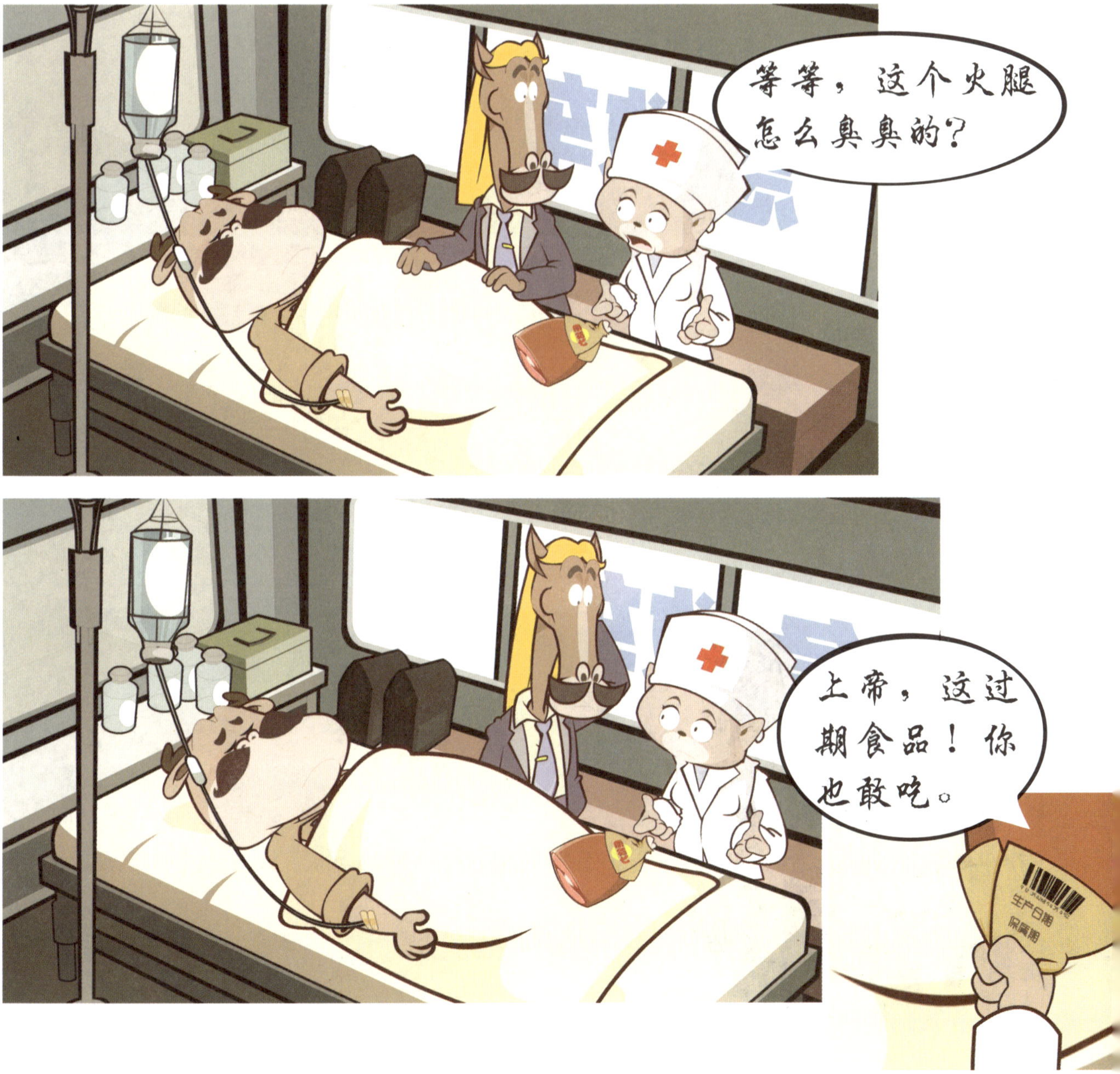

构。NatWest Ventures 是一家专门从事风险投资，为各类的创业提供资金支持，在英国的风投领域占有一席之地的。Coutts Group是一家以信托、投资等为主要业务的金融机构，在英国私人银行业务中具有举足轻重的地位。

马克思说经济危机 系列动漫片

苏格兰皇家银行的陨落

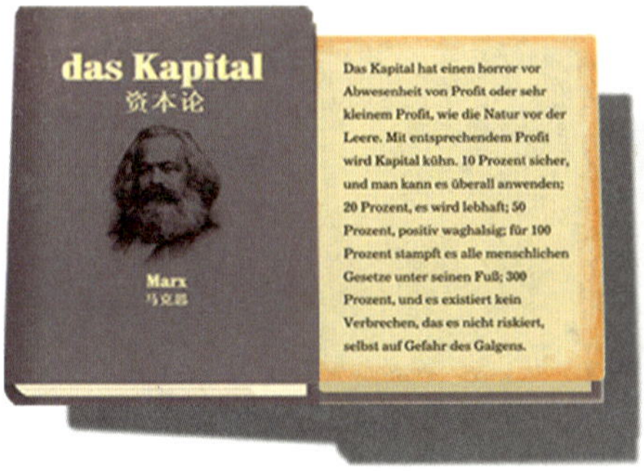

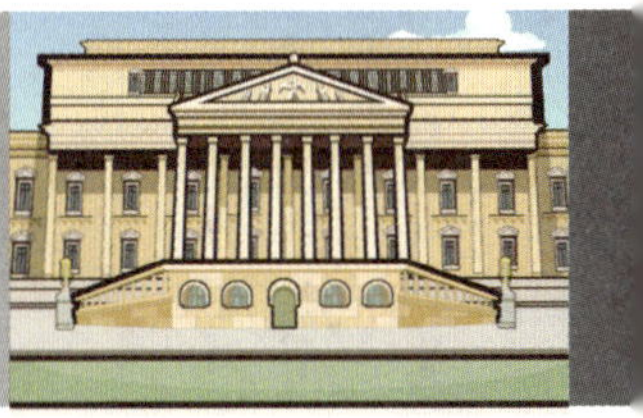

一切现实的危机的最后原因，总是群众的贫穷和他们的消费受到限制，而与此相对比的是，资本主义生产竭力发展生产力，好像只有社会的绝对的消费能力才是生产力发展的界限。

——《资本论》

das Kapital
资本论
Marx
马克思

桑坦德银行

桑坦德银行，又称为西班牙国际银行有限公司（Santander Central Hispano S.A.），创立于1857年，其总部设在西班牙的北部城市桑坦德，是世界著名大银行之一。它有着与苏格兰皇家银行极为相似的发展历程——通过并购而成为世界大银行。在发展历程中，除了我们在本章前面叙述的于2007年10月14日桑坦德银行与苏

格兰皇家银行、富通银行三家联手，以1010亿美元的价格收购荷兰银行之外，该行还有许多极具影响力的并购活动。现在简单介绍如下：

1.在英国的并购活动

2004年7月26日，桑坦德银行大举进军英国的银行业，它以1股另加25便士的价格来购买兑换阿比国民银行（Abbey National PLC）的1股。整个交易活动涉及

金额达到89亿英镑。此举成功收购英国第六大银行——阿比国民银行。通过此次并购，桑坦德银行就在英国拥有了11%的抵押贷款份额，741家分支机构和1800万各类客户。两年之后的2008年7月16日，桑坦德银行又以12.6亿英镑的价格收购了英国第七大银行——联合莱斯特银行（Alliance & Leicester）。

2008年金融危机以后，苏格兰皇家银行陷入了危机之中。昔日曾共同并购荷兰

银行的桑坦德银行这次将收购之手伸向了苏格兰皇家银行。2010年8月3日，桑坦德银行以16.5亿英镑的价格收购了苏格兰皇家银行在英格兰、威尔士等地的311家分行，并且还收购了原国民西敏寺银行的7家分行，此次收购还涉及40个中小企业银行与3个私人银行，还有大约180万个人客户与20多万企业客户。收购之后，桑坦德银行在英国中小型企业市场上的市场份额也由3%上升至8%。

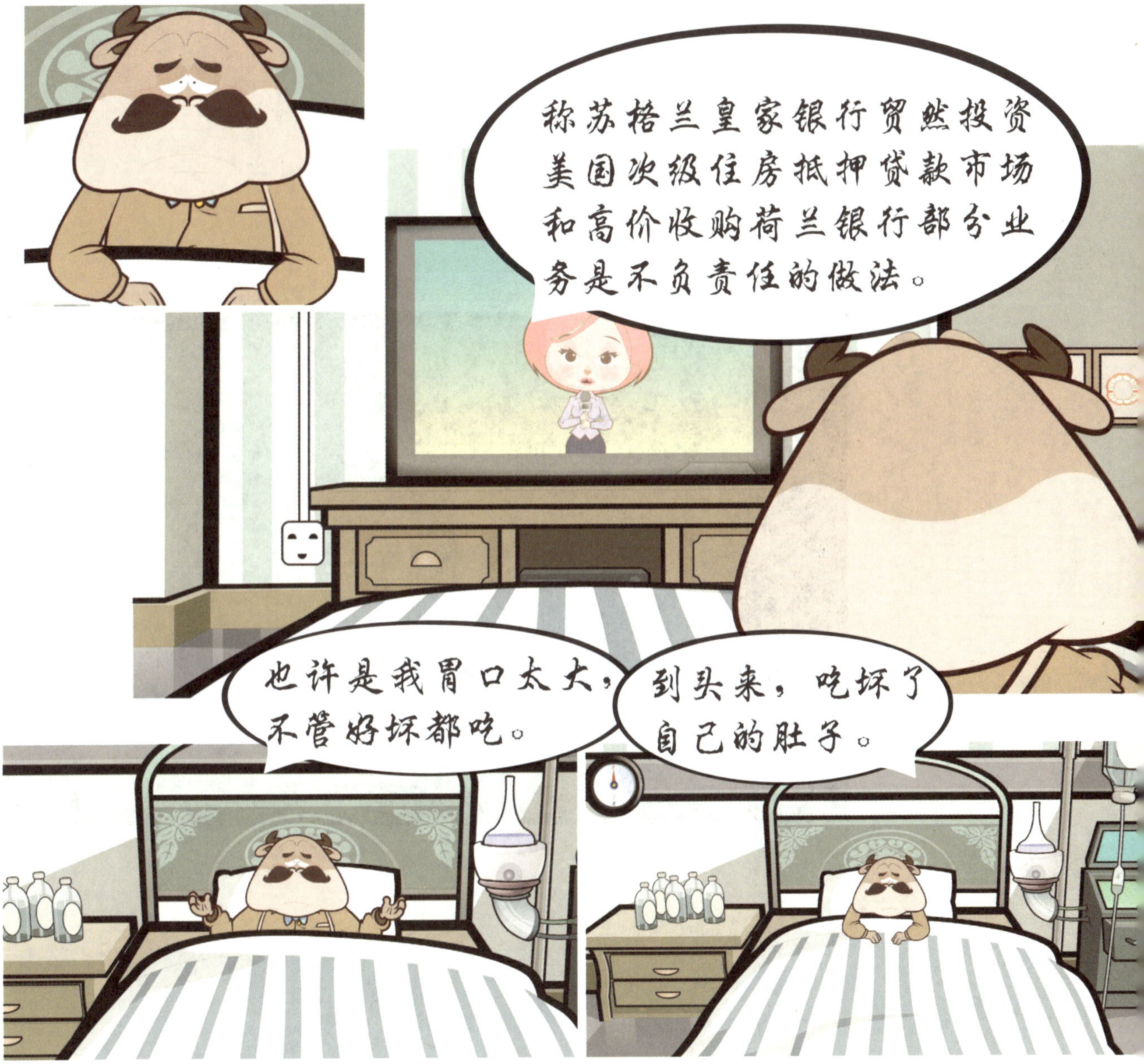

2.在美国的并购活动

尽管在美国的并购没有像在英国的那样频繁，规模也不如并购英国银行那样大，但是桑坦德银行在美国的并购同样也是引人注目的。2006年，桑坦德银行用33亿美元的代价，购买了美国国内最大的储蓄银行——美国主权银行（Sovereign Bancorp）24.9%的股份，从此标志桑坦德银行正式进军美国。在遭受2008年金融危

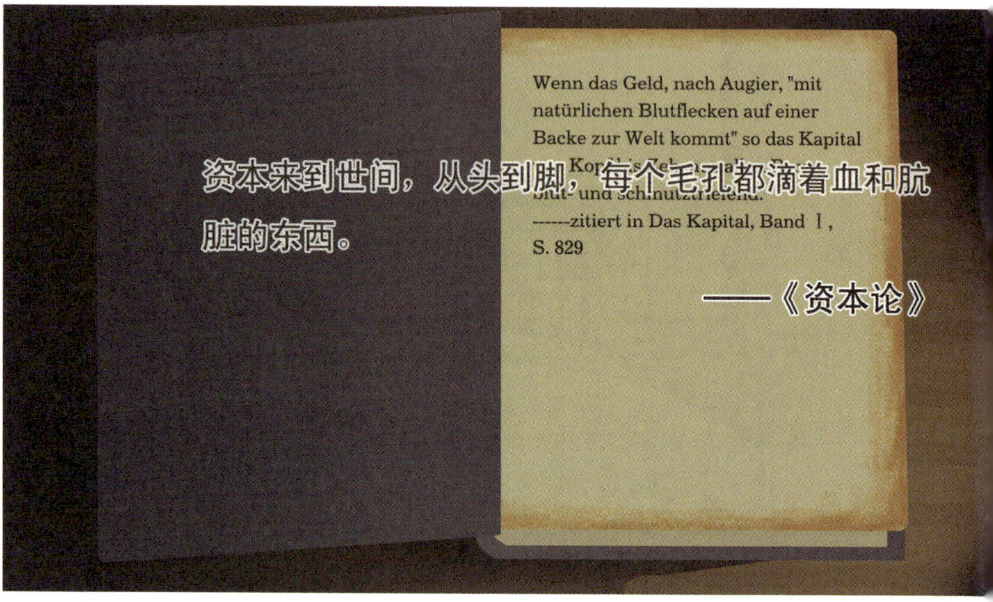

机的时候，美国主权银行遇到前所未有的困难，桑坦德银行趁机完成了对美国主权银行的全部并购。2008年10月14日，桑坦德银行以19亿美元的代价就购买了剩下75.1%的股份，从此桑坦德银行就对美国主权银行完成了控股，控股资产多达790亿美元。